# HAPPY EASTER

**Name:** _____

HAPPY

EASTER

We're so glad you're here!

This book is packed with over **40 delightful drawings** and **20 exciting activities**, specially designed to make your Easter extra fun and creative.

The book is filled with amazing activities to bring your imagination to life. Whether you're coloring bunnies and eggs or solving fun mazes, there's something for everyone to enjoy.

Let's grab the coloring supplies, get comfy and let the  Easter adventure begin!

For more Easter Coloring fun go to our Instagram page to find 10 **FREE Printable Coloring Pages**!

Take a look to all our books!

@ tuliphouse.books

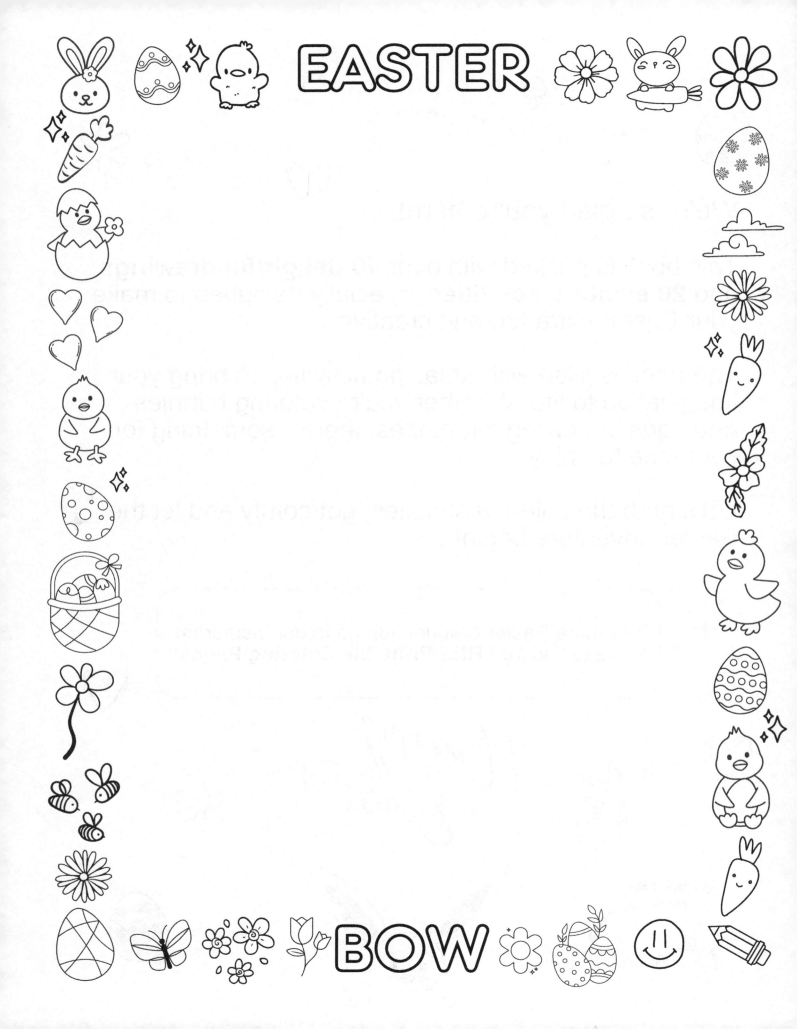

EASTER

BOW

# Draw your own Easter Egg

use colors, lines, squiggles to draw
your own beautiful easter egg

Happy easter

EASTER

DUCKLING

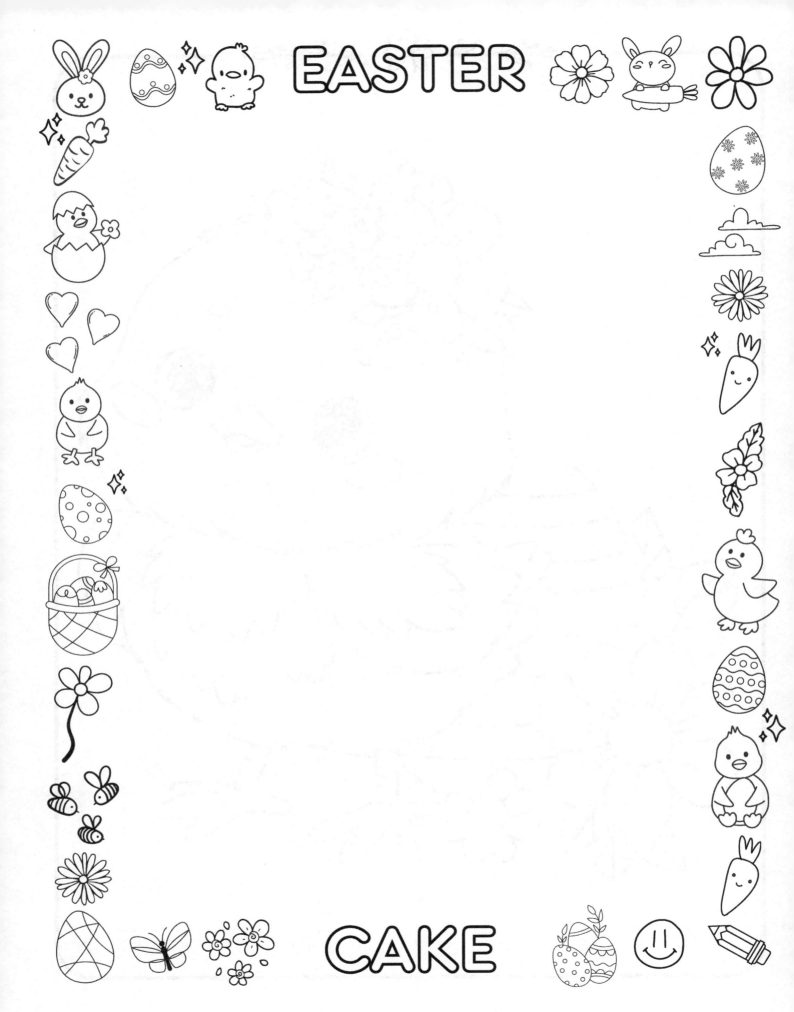

EASTER

CAKE

# EASTER

# FLOWERS

EASTER

SUNSET

# EASTER

# CARROT

# Easter Animals

```
O  M  E  W  M  N  Z  X  U  J  R  C
U  D  C  G  F  P  L  X  J  W  M  H
L  Y  U  I  W  L  A  M  B  Q  F  I
I  F  L  R  R  Z  D  K  A  X  E  C
Q  F  B  U  T  T  E  R  F  L  Y  K
T  K  D  D  R  A  B  B  I  T  B  E
E  R  U  F  F  V  W  D  U  C  K  N
V  K  K  I  T  T  E  N  V  B  Z  D
```

BUTTERFLY

KITTEN

CHICKEN

LAMB

DUCK

RABBIT

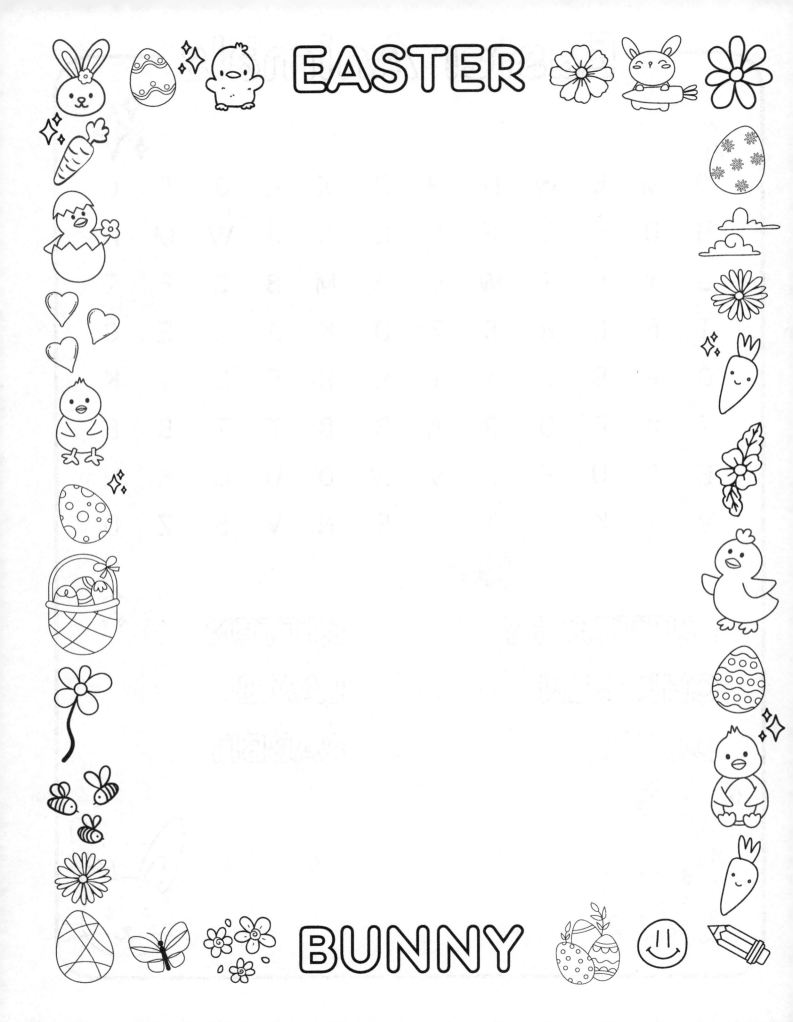

EASTER

BUNNY

# Easter Dots

# CHOCOLATE

# BUNNY

# Happy Maze

**Help the rabbit find the carrot!**

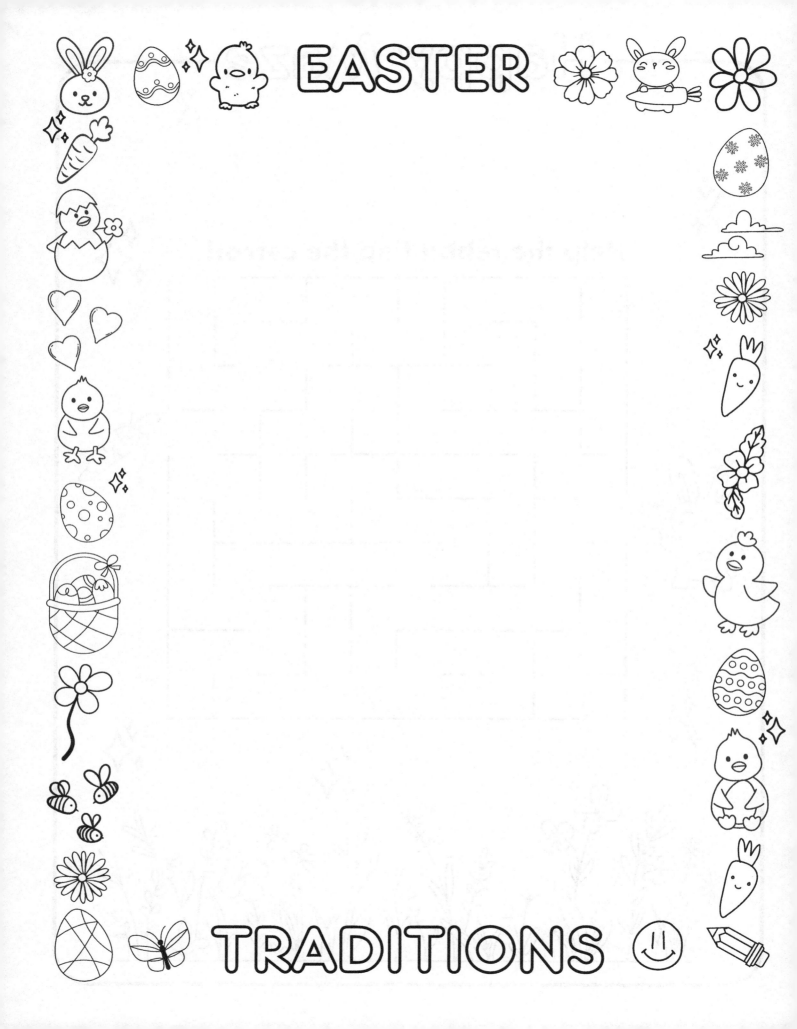

# EASTER

# TRADITIONS

EASTER

STORY

# EASTER

# PARADE

# EASTER

# RABBITS

EASTER

HEN

# Easter Colors

```
S O G X B Q H B E E U S
G O R A N G E L N K P D
C K E L V G X U O T U Y
C M E D B U T E S S R R
E L N D M E Z F R P P A
C F F Y E L L O W L L C
B A I Q S N S P A E E C
W D A Q H L K P I N K D
```

BLUE     PINK

GREEN     PURPLE

ORANGE     YELLOW

EASTER

MORNING

# Easter Dots

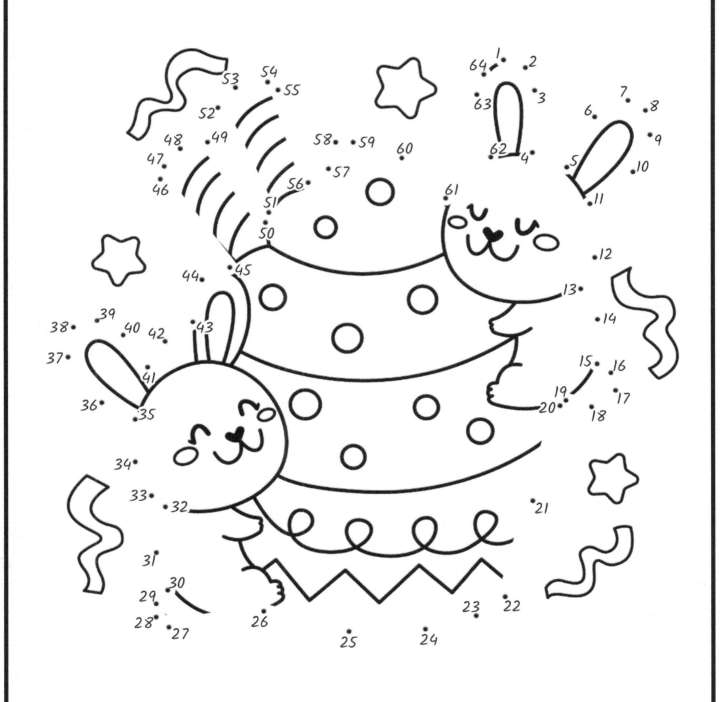

EASTER

FAMILY

# Happy Maze

Help the rabbit find the egg!

EASTER

CANDY

EASTER

HAT

EASTER

DAFFODILS

EASTER

MAGIC

EASTER

TULIP

# Easter Activities

```
M E P Q V W Q B B P C P
H L S T N T S G M V M A
U D E C O R A T E Z I R
N E C E L E B R A T E A
T Y A Y U X W D L O O D
D T R X H J Z X T F E E
E X P L O R E U N P L A
A I F P O X P A I N T S
```

CELEBRATE    HUNT

DECORATE    PAINT

EXPLORE    PARADE

EASTER

BONNET

# Easter Dots

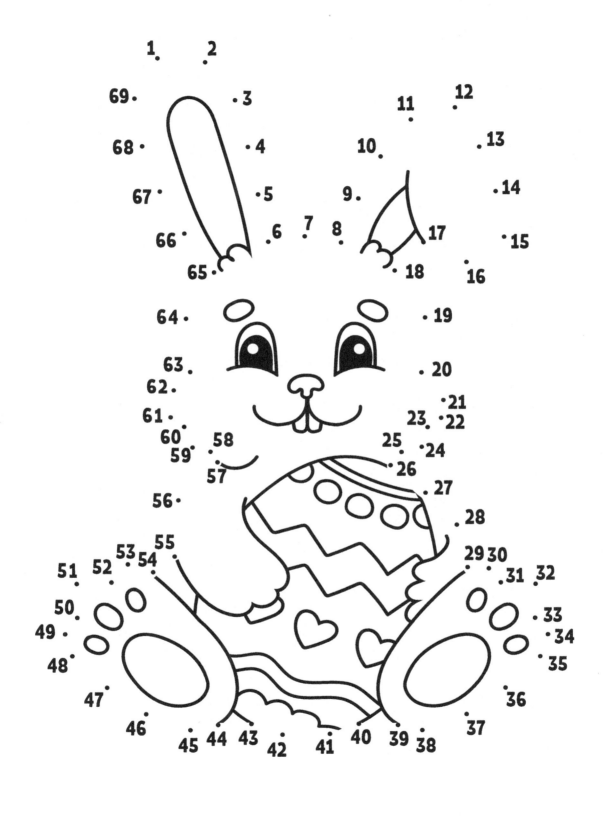

EASTER

SUNRISE

# Happy Maze

EASTER

JOY

EASTER

RAINBOW

EASTER

CHOCOLATE

# EASTER

## FRIENDS

EASTER

GRASS

# Easter Traditions

```
C E G G S M D M K X V D
R N M A B H B A M K R J
A C H O C O L A T E Y L
J O Y B Z C A F O O U Q
R Z B A S K E T X J M H
R S B U N N Y U Y I B D
N Z H Y E H D W V N F Q
D T H X S P R I N G I H
```

BASKET      EGGS

BUNNY      JOY

CHOCOLATE   SPRING

EASTER

RIBBON

# Easter Dots

EASTER

CHICKEN

# Happy Maze

Help the bee find the honey!

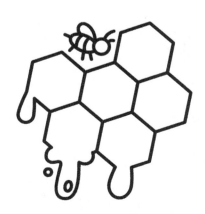

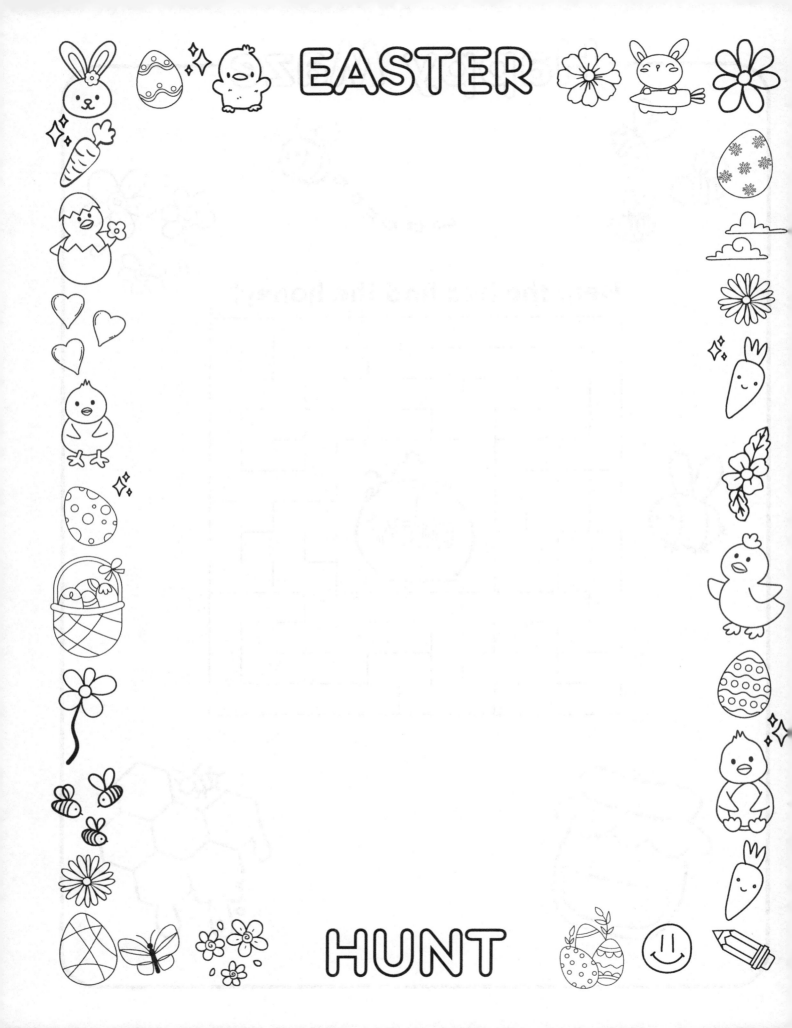

# EASTER

# HUNT

# Easter

# Eggs

EASTER

COOKIES

EASTER

TREE

EASTER

LAMBS

EASTER

LILIES

# Springtime

```
O Q N G Y O M R R C S P
G R A S S A E O S V V I
R S U N S H I N E J X C
A L M G R Z R T J H E N
I Z N F L O W E R S D I
N P J Y C A K K A S U C
F G T N B L O S S O M G
O A G T A Q K J J F A B
```

**BLOSSOM**

**FLOWERS**

**GRASS**

**PICNIC**

**RAIN**

**SUNSHINE**

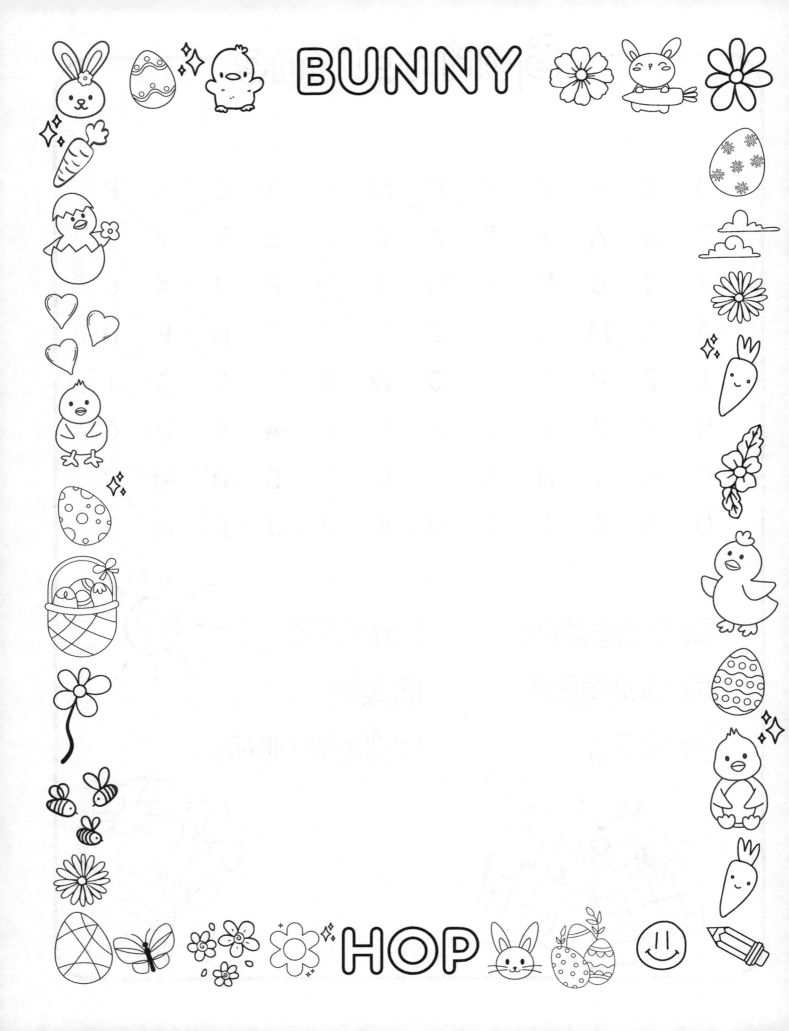

BUNNY

HOP

# Easter Dots

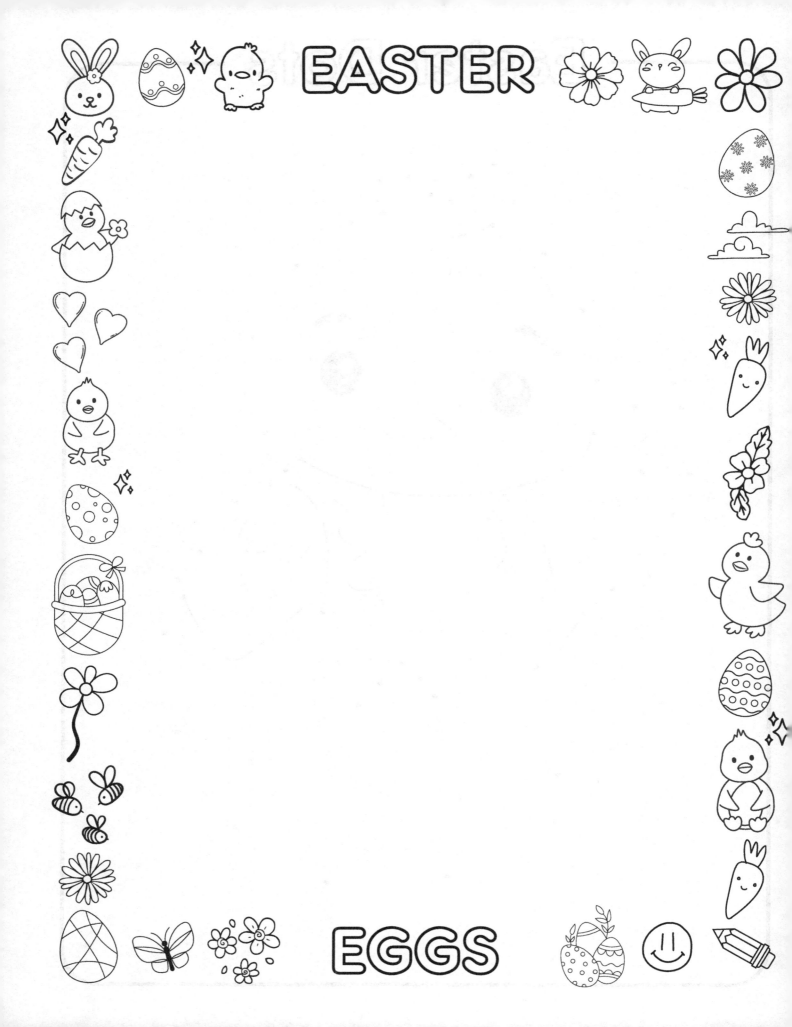

EASTER

EGGS

# Happy Maze

Help the bunny find the cake!

# BUNNY

# EARS

EASTER

MARSHMALLOWS

EASTER

BASKET

# EASTER

# SMILES

# EASTER

# COLORS

# Candy Search

```
J  D  W  U  D  Q  D  R  S  F  K  I
A  L  C  U  P  C  A  K  E  J  K  G
T  J  E  L  L  Y  B  E  A  N  L  B
R  C  L  X  C  L  I  P  G  D  A  K
E  V  Y  W  H  F  X  R  C  L  S  J
A  R  C  H  O  C  O  L  A  T  E  Z
T  S  N  A  C  K  N  X  H  Z  T  B
L  V  R  O  C  O  O  K  I  E  S  G
```

COOKIES

JELLYBEAN

CHOCOLATE

SNACK

TREAT

CUPCAKE

# EASTER

# CRAFTS

# Easter Dots

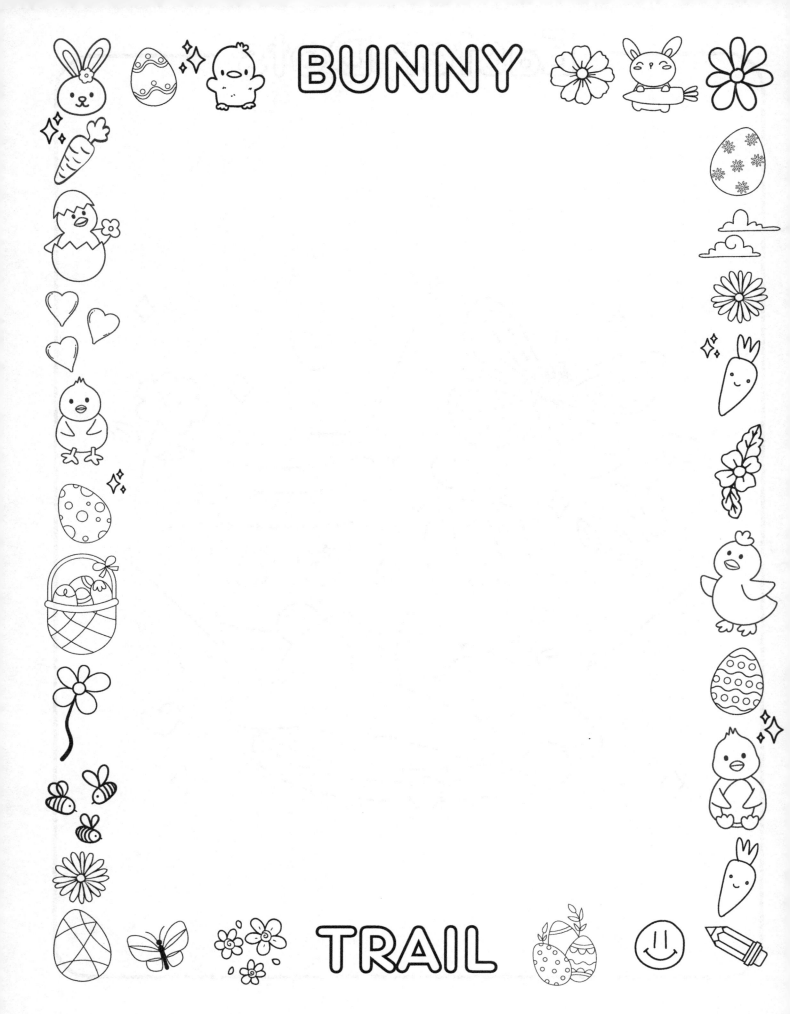

BUNNY

TRAIL

# Happy Maze

Help put the eggs in the basket!

EASTER

SURPRISES

EASTER

ADORABLE

# CHOCOLATE

# EGGS

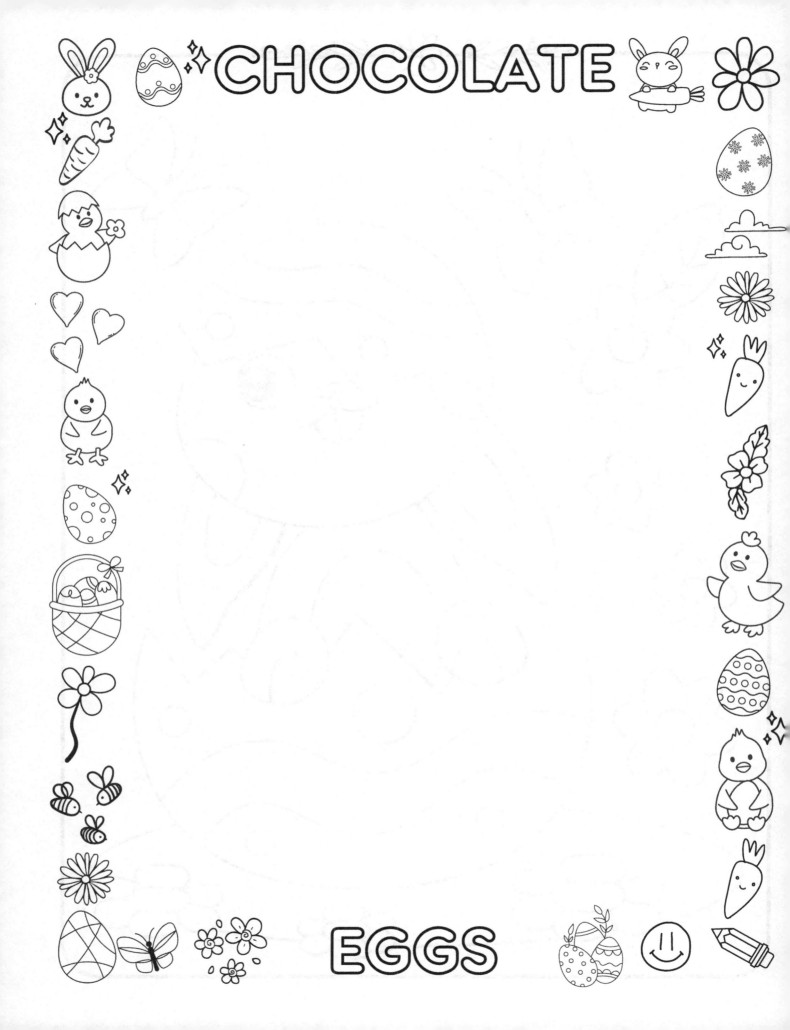

# DECORATE

# EGGS

# SPRING

# BREAK

# Easter Flowers

| H | P | L | P | I | D | M | S | F | S | P | M |
|---|---|---|---|---|---|---|---|---|---|---|---|
| X | O | I | E | J | A | D | T | W | A | A | H |
| Z | R | L | T | S | F | U | U | J | Q | N | R |
| Z | C | Y | U | T | F | I | L | G | X | S | W |
| L | H | D | N | P | O | G | I | A | Z | Y | V |
| W | I | J | I | J | D | I | P | E | V | M | J |
| M | D | A | A | A | I | P | C | C | K | E | K |
| T | A | X | F | G | L | Q | J | I | J | A | Q |

DAFFODIL            PANSY

LILY               PETUNIA

ORCHID             TULIP

EASTER

ART

# Easter Dots

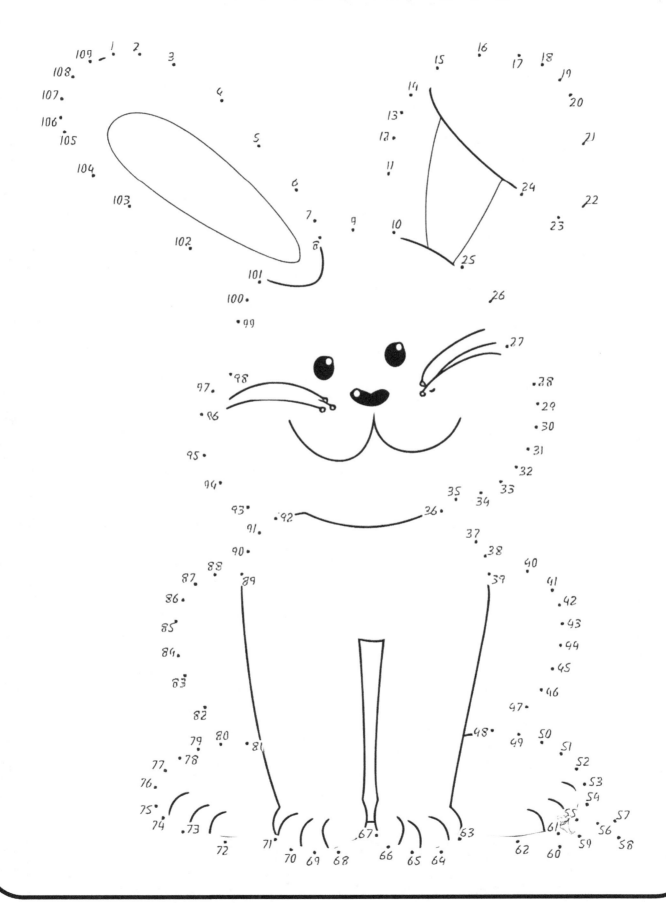

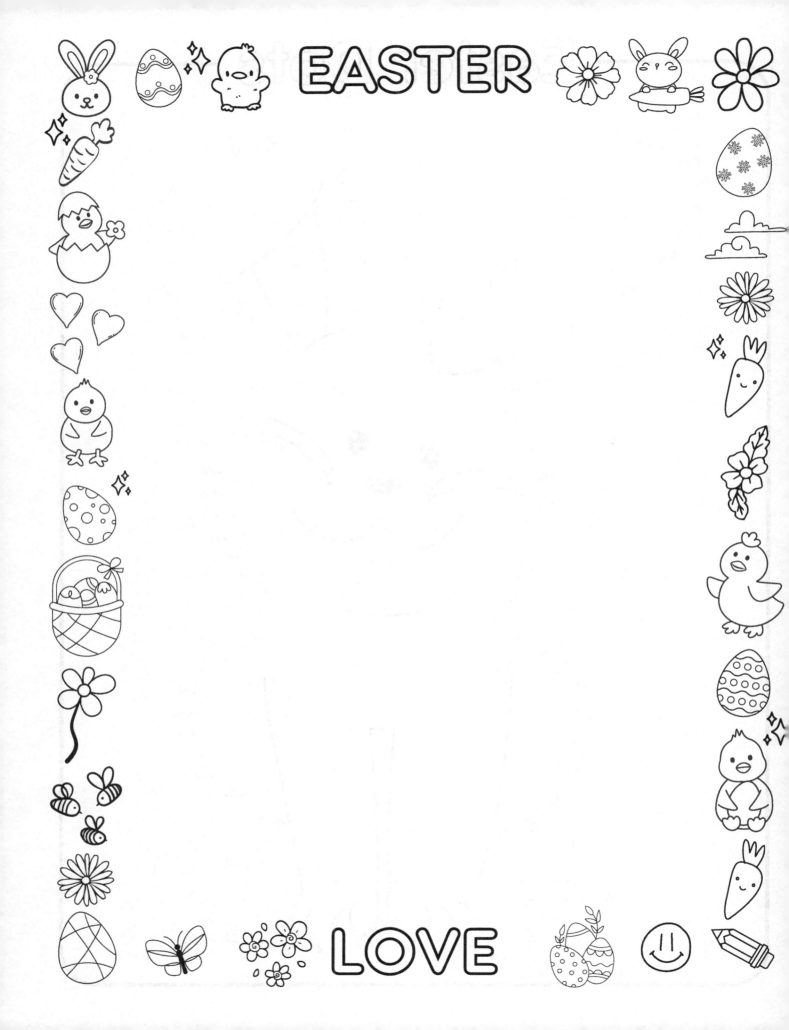

EASTER

LOVE

# Happy Maze

Help the chicken find her chicks!

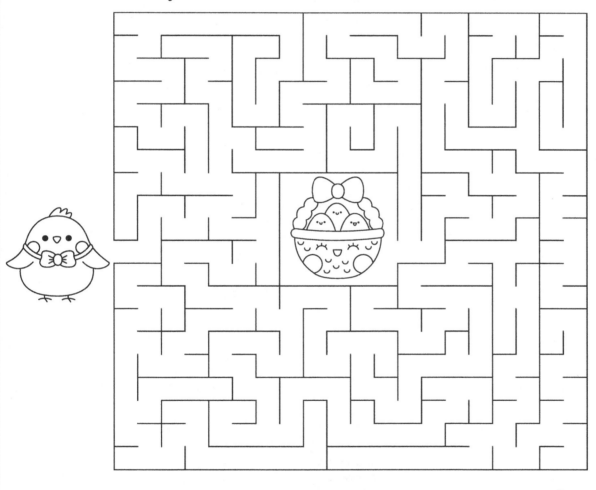

Made in the USA
Monee, IL
11 April 2025

15595989R00057